Impressum
Verlag: BABADADA GmbH, Nedderfeld 112 , 22529 Hamburg
Geschäftsführer / Verlagsleitung: Harald Hof
Druck: Books on Demand GmbH, In de Tarpen 42, 22848 Norderstedt

Imprint
Publisher: BABADADA GmbH, Nedderfeld 112 , 22529 Hamburg, Germany
Managing Director / Publishing direction: Harald Hof
Print: Books on Demand GmbH, In de Tarpen 42, 22848 Norderstedt, Germany

škola
Schule

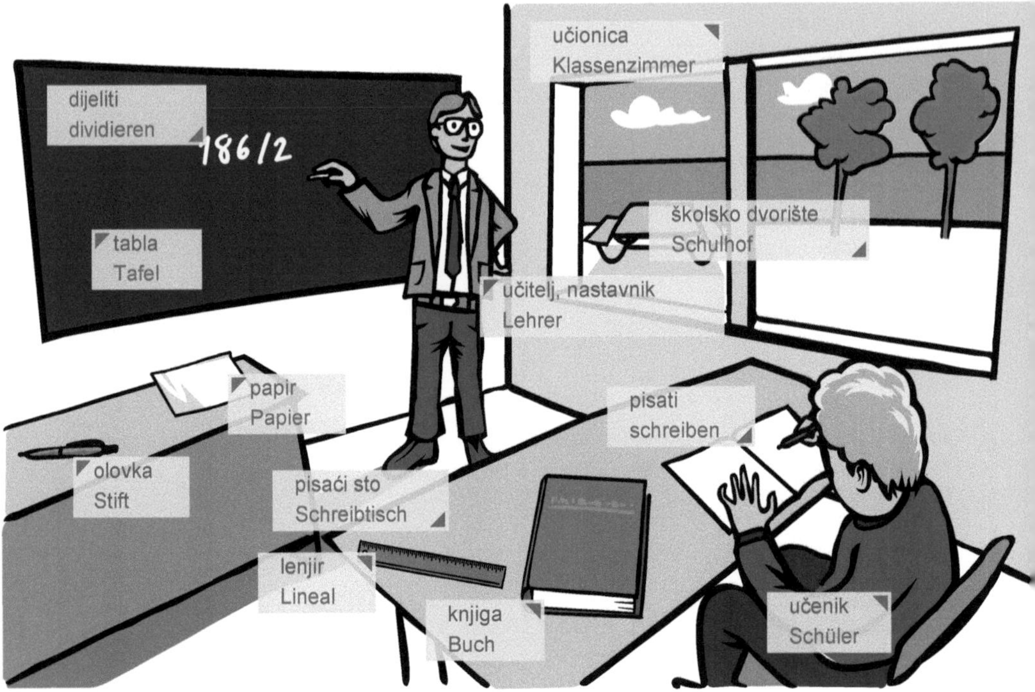
učionica
Klassenzimmer
dijeliti
dividieren
186/2
tabla
Tafel
školsko dvorište
Schulhof
učitelj, nastavnik
Lehrer
papir
Papier
pisati
schreiben
olovka
Stift
pisaći sto
Schreibtisch
lenjir
Lineal
knjiga
Buch
učenik
Schüler

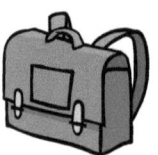

torba

Ranzen

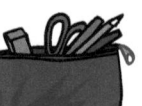

pernica

Federmappe

drvena olovka

Bleistift

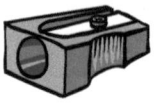

šiljalo za olovke

Bleistiftanspitzer

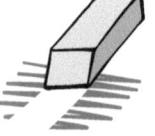

gumica

Radiergummi

blok za crtanje

Zeichenblock

crtež

Zeichnung

kist

Pinsel

kutija s bojama

Malkasten

makaze

Schere

ljepilo

Klebstoff

vježbanka

Übungsheft

domaća zadaća

Hausaufgabe

broj

Zahl

sabirati

addieren

oduzimati

subtrahieren

množiti

multiplizieren

računati

rechnen

slovo

Buchstabe

abeceda

Alphabet

riječ

Wort

tekst
....
Text

čitati
....
lesen

kreda
....
Kreide

sat
....
Stunde

školski dnevnik
....
Klassenbuch

ispit
....
Prüfung

svjedočanstvo
....
Zeugnis

školska uniforma
....
Schuluniform

izobrazba
....
Ausbildung

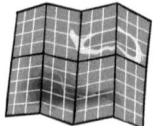

leksikon
....
Lexikon

univerzitet
....
Universität

mikroskop
....
Mikroskop

karta
....
Karte

korpa za papir
....
Papierkorb

škola - Schule

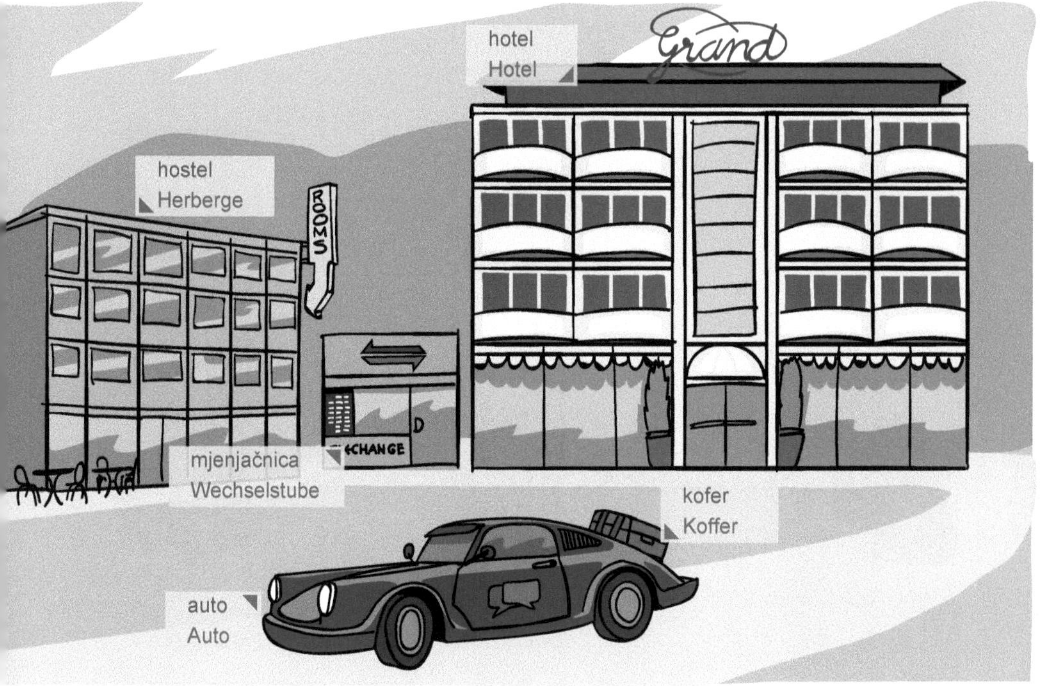

hotel
Hotel
Grand
hostel
Herberge
ROOMS
mjenjačnica
Wechselstube
kofer
Koffer
auto
Auto

jezik

Sprache

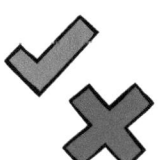

da / ne

ja / nein

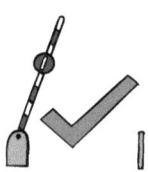

okej

Okay

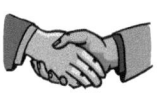

zdravo

Hallo

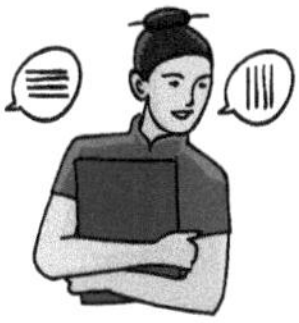

tumač

Übersetzer

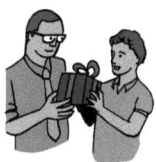

hvala

Danke

Koliko košta...?

Was kostet...?

Ne razumijem

Ich verstehe nicht

problem

Problem

dobro veče!

Guten Abend!

Dobro jutro!

Guten Morgen!

Laku noć!

Gute Nacht!

doviđenja

Auf Wiedersehen

smjer

Richtung

prtljag

Gepäck

torba

Tasche

ruksak

Rucksack

gost

Gast

soba

Zimmer

vreća za spavanje

Schlafsack

šator

Zelt

turističke informacije

Touristeninformation

plaža

Strand

kreditna kartica

Kreditkarte

doručak

Frühstück

ručak

Mittagessen

večera

Abendessen

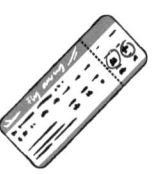

putna karta

Fahrkarte

lift

Fahrstuhl

poštanska markica

Briefmarke

granica

Grenze

carina

Zoll

ambasada

Botschaft

viza

Visum

pasoš

Pass

transport

Transport

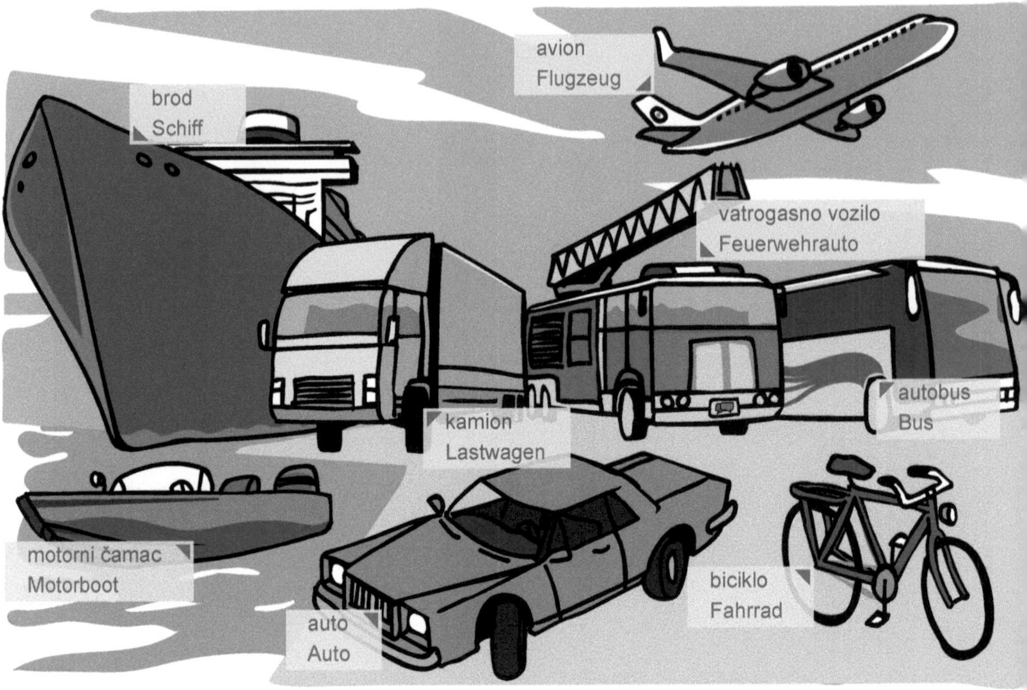
avion
Flugzeug
brod
Schiff
vatrogasno vozilo
Feuerwehrauto
autobus
Bus
kamion
Lastwagen
motorni čamac
Motorboot
biciklo
Fahrrad
auto
Auto

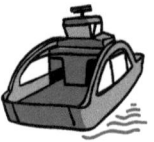

trajekt

Fähre

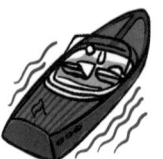

brod

Boot

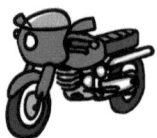

motocikl

Motorrad

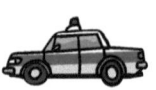

policijski automobil

Polizeiauto

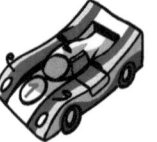

trkaći automobil

Rennauto

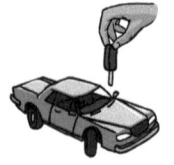

unajmljeni automobil

Mietwagen

kar-šering

Carsharing

pauk

Abschleppwagen

smećarsko vozilo

Müllauto

motor

Motor

gorivo

Kraftstoff

benzinska pumpa

Tankstelle

saobraćajni znak

Verkehrsschild

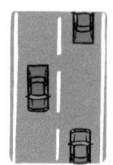

saobraćaj

Verkehr

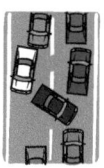

zastoj

Stau

parking

Parkplatz

željeznička stanica

Bahnhof

šine

Schienen

voz

Zug

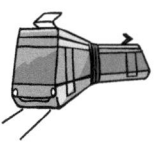

tramvaj

Straßenbahn

vagon

Wagon

helikopter
Helikopter

aerodrom
Flughafen

toranj
Tower

putnik
Passagier

kontejner
Container

karton
Karton

tačke
Karren

korpa
Korb

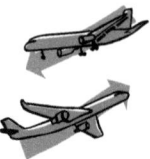

poletjeti / sletjeti
starten / landen

grad
Stadt

selo
Dorf

centar grada
Stadtzentrum

kuća
Haus

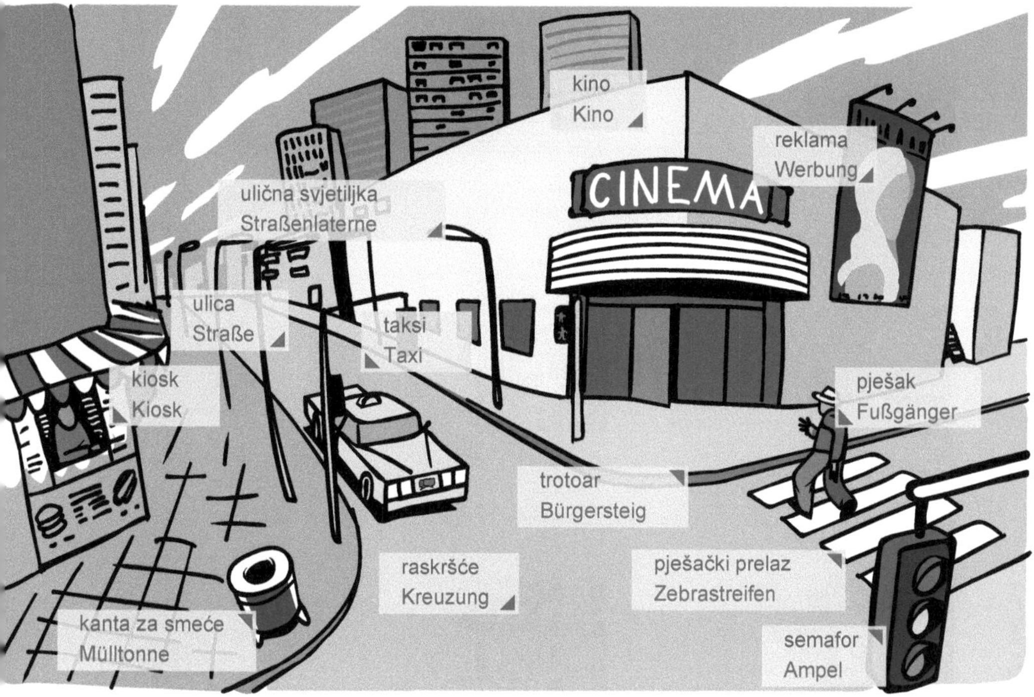

kino
Kino

reklama
Werbung

ulična svjetiljka
Straßenlaterne

CINEMA

ulica
Straße

taksi
Taxi

kiosk
Kiosk

pješak
Fußgänger

trotoar
Bürgersteig

raskršće
Kreuzung

pješački prelaz
Zebrastreifen

kanta za smeće
Mülltonne

semafor
Ampel

koliba

Hütte

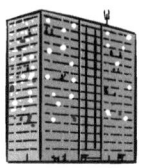

stan

Wohnung

željeznička stanica

Bahnhof

vjećnica

Rathaus

muzej

Museum

škola

Schule

univerzitet

Universität

banka

Bank

bolnica

Krankenhaus

hotel

Hotel

apoteka

Apotheke

ured

Büro

knjižara

Buchhandlung

radnja

Geschäft

cvjećara

Blumenladen

supermarket

Supermarkt

pijaca

Markt

robna kuća

Kaufhaus

prodavač ribe

Fischhändler

trgovački centar

Einkaufszentrum

luka

Hafen

park

Park

klupa

Bank

most

Brücke

stepenice

Treppe

podzemna željeznica

U-Bahn

tunel

Tunnel

autobuska stanica

Bushaltestelle

bar

Bar

restoran

Restaurant

poštanski sandučić

Briefkasten

saobraćajni znak

Straßenschild

sat za naplatu parkinga

Parkuhr

zoološki vrt

Zoo

bazen

Badeanstalt

džamija

Moschee

seosko imanje

Bauernhof

zagađenje okoline

Umweltverschmutzung

groblje

Friedhof

crkva

Kirche

igralište

Spielplatz

hram

Tempel

krajolik
Landschaft

list
Blatt

putokaz
Wegweiser

putokaz
Weg

livada
Wiese

kamen
Stein

putnik
Wanderer

drvo
Baum

rijeka
Fluss

trava
Gras

cvijet
Blume

dolina

Tal

brdo

Berg

jezero

See

šuma

Wald

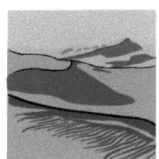

pustinja

Wüste

vulkan

Vulkan

dvorac

Schloss

duga

Regenbogen

gljiva

Pilz

palma

Palme

komarac

Moskito

muha

Fliege

mrav

Ameise

pčela

Biene

pauk

Spinne

buba

Käfer

žaba

Frosch

vjeverica

Eichhörnchen

jež

Igel

zec

Hase

sova

Eule

ptica

Vogel

labud

Schwan

divlja svinja

Wildschwein

jelen

Hirsch

los

Elch

brana

Staudamm

vjetrenjača

Windrad

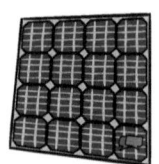

solarni modul

Solarmodul

klima

Klima

konobar
Kellner

jelovnik
Speisekarte

stolica
Stuhl

supa
Suppe

pica
Pizza

pribor za jelo
Besteck

stolnjak
Tischdecke

predjelo

Vorspeise

glavno jelo

Hauptgericht

desert

Nachspeise

piće

Getränke

jelo

Essen

flaša

Flasche

brza hrana

Fastfood

jelo sa ulice

Streetfood

čajnik

Teekanne

šećernica

Zuckerdose

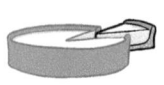

porcija

Portion

mašina za espreso

Espressomaschine

barska stolica

Hochstuhl

račun

Rechnung

tacna

Tablett

nož

Messer

viljuška

Gabel

kašika

Löffel

kašičica

Teelöffel

salveta

Serviette

čaša

Glas

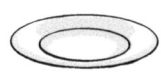

tanjir

Teller

tanjir za supu

Suppenteller

tanjurić

Untertasse

sos

Sauce

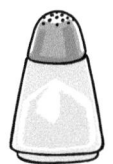

solanik

Salzstreuer

mlin za biber

Pfeffermühle

sirće

Essig

ulje

Öl

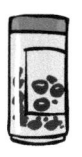

začini

Gewürze

kečap

Ketchup

senf

Senf

majoneza

Mayonnaise

supermarket
Supermarkt

ponuda
Angebot
FOR
klijent
Kunde
mliječni proizvodi
Milchprodukte
voće
Obst
kolica za kupovinu
Einkaufswagen

BUTCHERS

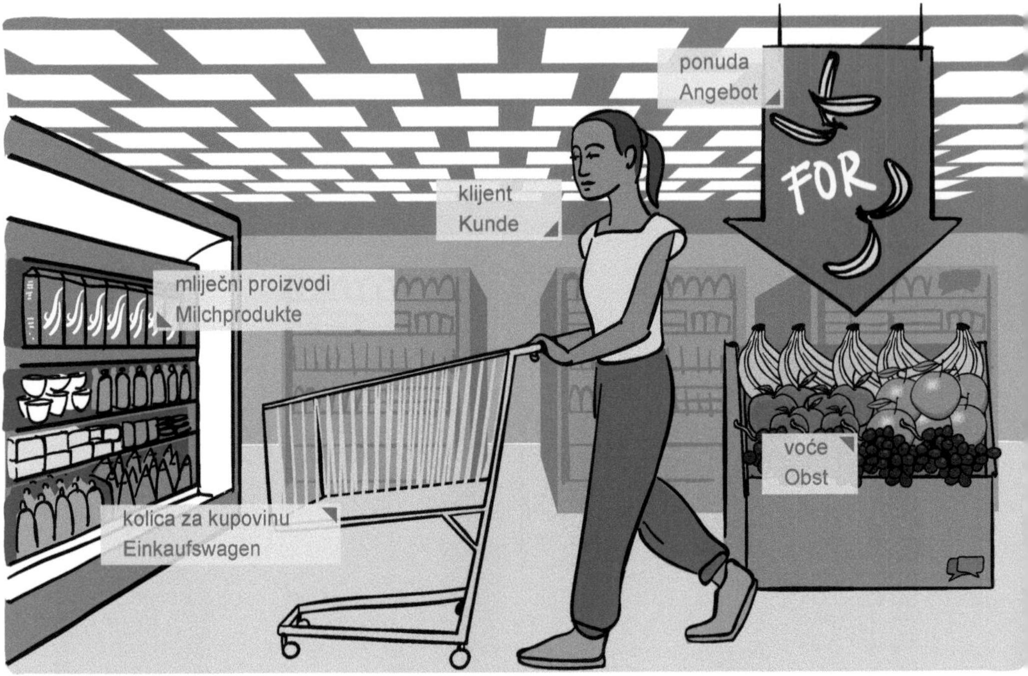

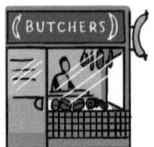

mesnica- klaonica

Schlachterei

BAKERY

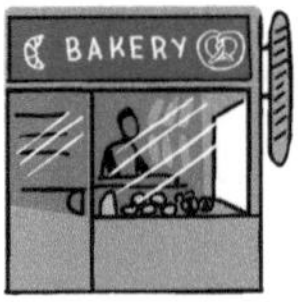

pekara

Bäckerei

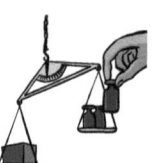

vagati

wiegen

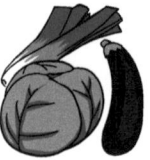

povrće

Gemüse

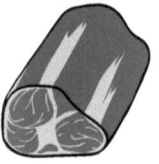

meso

Fleisch

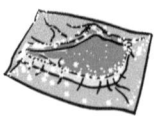

zaleđena hrana

Tiefkühlkost

narezak

Aufschnitt

konzerve

Konserven

prašak za veš

Waschmittel

slatkiši

Süßigkeiten

kućanski proizvodi

Haushaltsartikel

sredstvo za čišćenje

Reinigungsmittel

prodavačica

Verkäuferin

kasa

Kasse

blagajnik

Kassierer

lista za kupovinu

Einkaufsliste

radno vrijeme

Öffnungszeiten

novčanik

Brieftasche

kreditna kartica

Kreditkarte

torba

Tasche

najlonska vrećica

Plastiktüte

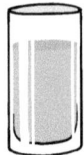

voda

Wasser

sok

Saft

mlijeko

Milch

kola

Cola

vino

Wein

pivo

Bier

alkohol

Alkohol

kakao

Kakao

čaj

Tee

kafa

Kaffee

espreso

Espresso

kapućino

Cappuccino

banana
Banane

jabuka
Apfel

narandža
Orange

lubenica
Melone

limun
Zitrone

mrkva
Karotte

bijeli luk
Knoblauch

bambus
Bambus

crveni luk
Zwiebel

gljiva
Pilz

orašasti plodovi
Nüsse

pasta
Nudeln

špagete

Spaghetti

riža

Reis

salata

Salat

pomfrit

Pommes frites

pečeni krompir

Bratkartoffeln

pica

Pizza

hamburger

Hamburger

sendvič

Sandwich

šnicla

Schnitzel

šunka

Schinken

kobasica

Salami

kobasica

Wurst

kokoš

Huhn

pečenje

Braten

riba

Fisch

zobene pahuljice

Haferflocken

muzli

Müsli

kornfleks

Cornflakes

brašno

Mehl

kroason

Croissant

zemičke

Brötchen

kruh

Brot

tost

Toast

keksi

Kekse

maslac

Butter

svježi sir

Quark

kolač

Kuchen

jaje

Ei

jaje na oko

Spiegelei

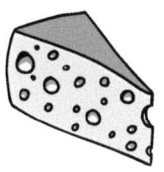

sir

Käse

sladoled

Eiscreme

šećer

Zucker

med

Honig

marmelada

Marmelade

nugat krema

Nougat-Creme

kuri

Curry

seosko imanje
Bauernhof

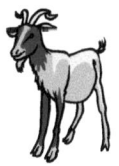

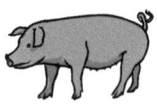

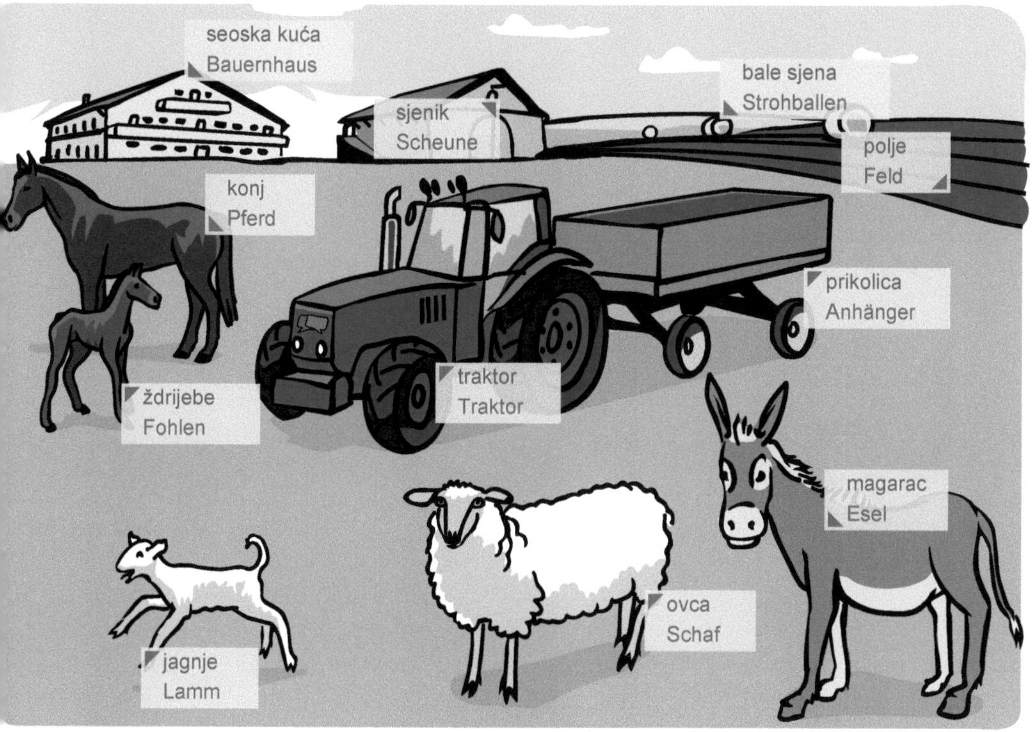
seoska kuća
Bauernhaus
sjenik
Scheune
bale sjena
Strohballen
polje
Feld
konj
Pferd
prikolica
Anhänger
ždrijebe
Fohlen
traktor
Traktor
magarac
Esel
ovca
Schaf
jagnje
Lamm

koza

Ziege

krava

Kuh

tele

Kalb

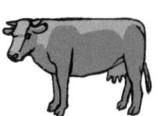

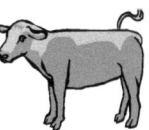

svinja

Schwein

prase

Ferkel

bik

Bulle

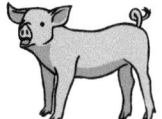

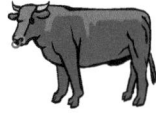

guska

Gans

patka

Ente

pile

Küken

kokoška

Huhn

pjetao

Hahn

pacov

Ratte

mačka

Katze

miš

Maus

vol

Ochse

pas

Hund

pseća kućica

Hundehütte

crijevo za baštu

Gartenschlauch

kanta za zalijevanje

Gießkanne

kosa

Sense

plug

Pflug

srp

Sichel

motika

Hacke

vile

Mistgabel

sjekira

Axt

tačke

Schubkarre

korito

Trog

bokal za mlijeko

Milchkanne

vreća

Sack

ograda

Zaun

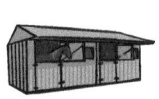

štala

Stall

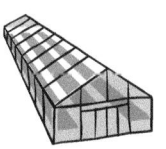

staklenik

Treibhaus

tlo

Boden

sjeme

Saat

đubrivo

Dünger

kombajn

Mähdrescher

kositi

ernten

žetva

Ernte

jam korijen

Yamswurzel

pšenica

Weizen

soja

Soja

krompir

Kartoffel

kukuruz

Mais

uljana repica

Raps

drvo voća

Obstbaum

manioka

Maniok

žito

Getreide

seosko imanje - Bauernhof

kuća
Haus

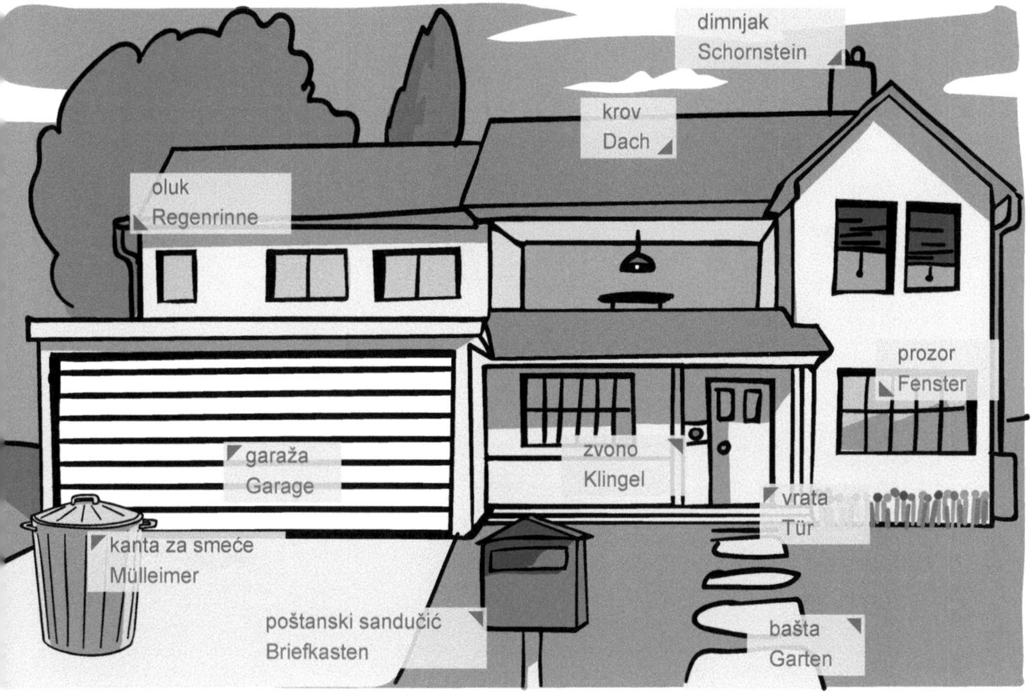
dimnjak
Schornstein
krov
Dach
oluk
Regenrinne
prozor
Fenster
garaža
Garage
zvono
Klingel
vrata
Tür
kanta za smeće
Mülleimer
poštanski sandučić
Briefkasten
bašta
Garten

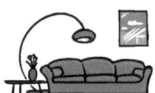

dnevni boravak

Wohnzimmer

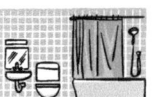

kupatilo

Badezimmer

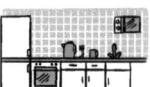

kuhinja

Küche

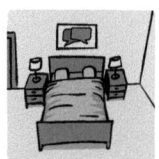

spavaća soba

Schlafzimmer

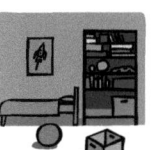

dječija soba

Kinderzimmer

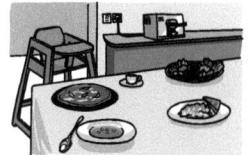

trpezarija

Esszimmer

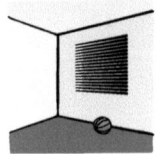

pod, tlo

Boden

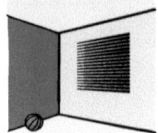

zid

Wand

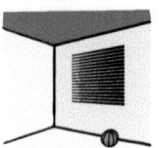

plafon

Decke

podrum

Keller

sauna

Sauna

balkon

Balkon

terasa

Terrasse

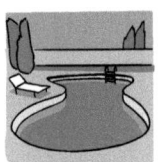

bazen

Schwimmbad

kosilica

Rasenmäher

posteljina

Bettbezug

pokrivač

Bettdecke

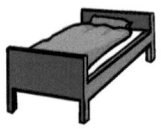

krevet

Bett

metla

Besen

kanta

Eimer

prekidač

Schalter

dnevni boravak
Wohnzimmer

tapeta
Tapete
fotografija
Bild
lampa
Lampe
polica
Regal
ormar
Schrank
televizija
Fernseher
dimnjak
Kamin
cvijet
Blume
jastuk
Kissen
kauč
Sofa
vaza
Vase
daljinski upravljač
Fernbedienung

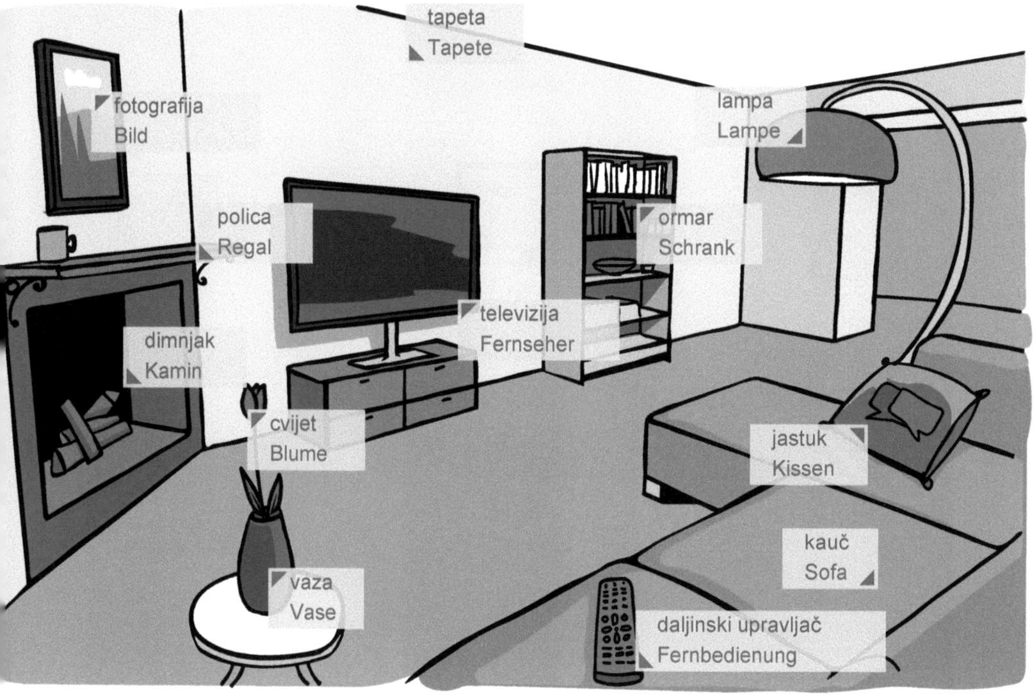

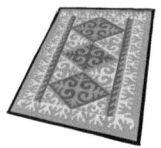

tepih

Teppich

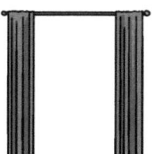

zavjesa

Vorhang

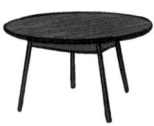

stol

Tisch

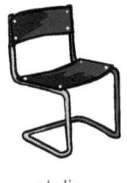

stolica

Stuhl

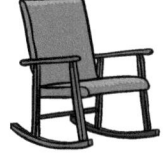

stolica za ljuljanje

Schaukelstuhl

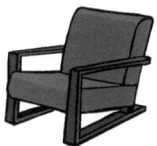

fotelja

Sessel

knjiga

Buch

deka

Decke

dekoracija

Dekoration

ložno drvo

Feuerholz

film

Film

stereo uređaj

Stereoanlage

ključ

Schlüssel

novine

Zeitung

umjetnička slika

Gemälde

poster

Poster

radio

Radio

blok za bilješke

Notizblock

usisavač

Staubsauger

kaktus

Kaktus

svijeća

Kerze

kuhinja
Küche

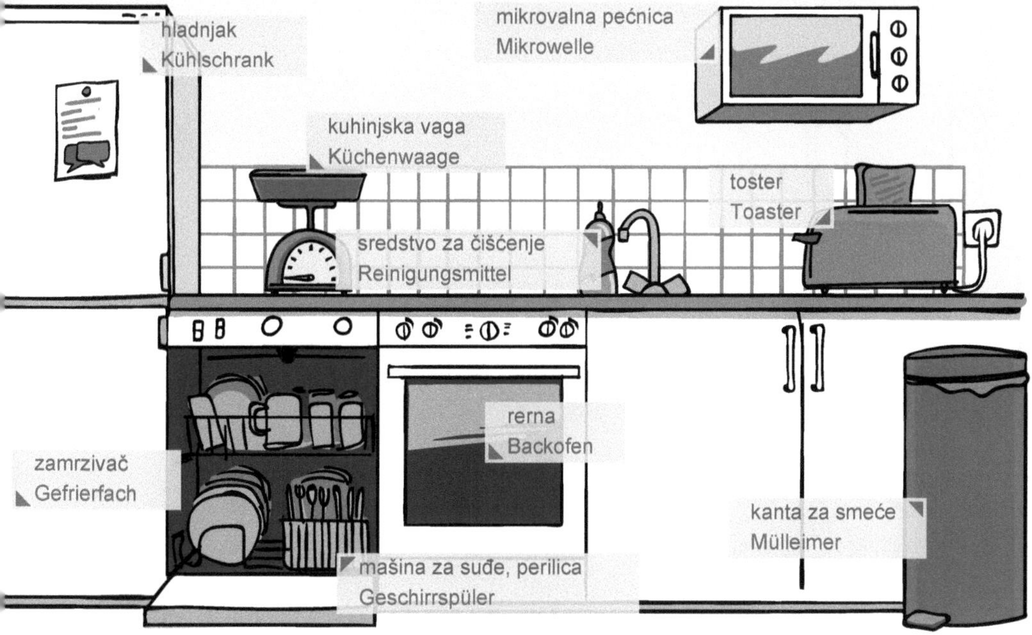
hladnjak
Kühlschrank
mikrovalna pećnica
Mikrowelle
kuhinjska vaga
Küchenwaage
toster
Toaster
sredstvo za čišćenje
Reinigungsmittel
rerna
Backofen
zamrzivač
Gefrierfach
kanta za smeće
Mülleimer
mašina za suđe, perilica
Geschirrspüler

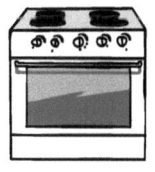

peć

Herd

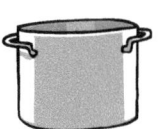

lonac

Topf

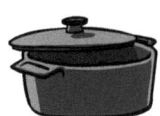

metalni lonac

Eisentopf

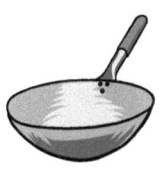

vok / kadai

Wok / Kadai

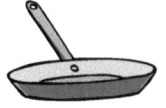

tava, tiganj

Pfanne

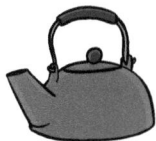

kuhalo

Wasserkocher

aparat za kuhanje na pari

Dampfgarer

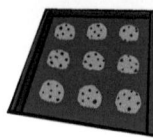

lim za pečenje

Backblech

posuđe

Geschirr

šalica

Becher

činija

Schale

kineski štapići

Essstäbchen

kutlača

Suppenkelle

lopatica

Pfannenwender

metlica za snijeg bjelanjca

Schneebesen

sito za kuhanje

Kochsieb

sito

Sieb

ribež

Reibe

avan s tučkom

Mörser

roštilj

Grill

ložište

Feuerstelle

kuhinja - Küche

daska
Schneidebrett

oklagija
Nudelholz

vadičep
Korkenzieher

konzerva
Dose

otvarač za konzerve
Dosenöffner

krpe za lonac
Topflappen

sudoper
Waschbecken

četka
Bürste

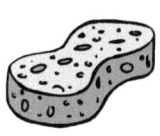

spužva
Schwamm

mikser
Mixer

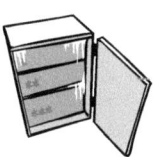

zamrzivač
Gefriertruhe

flašica za bebu
Babyflasche

slavina
Wasserhahn

kupatilo
Badezimmer

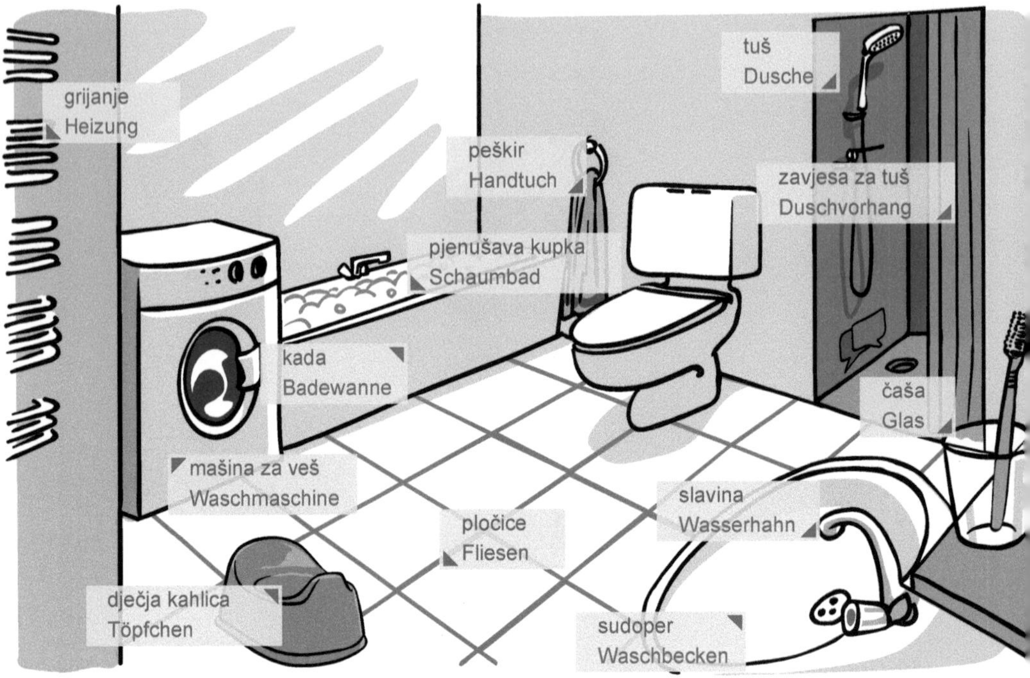
grijanje
Heizung
peškir
Handtuch
tuš
Dusche
zavjesa za tuš
Duschvorhang
pjenušava kupka
Schaumbad
kada
Badewanne
čaša
Glas
mašina za veš
Waschmaschine
slavina
Wasserhahn
pločice
Fliesen
dječja kahlica
Töpfchen
sudoper
Waschbecken

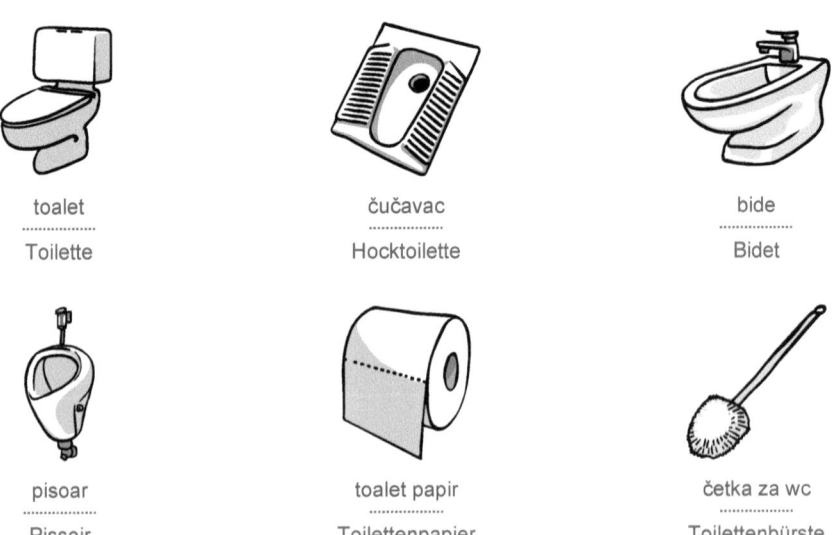

toalet

Toilette

čučavac

Hocktoilette

bide

Bidet

pisoar

Pissoir

toalet papir

Toilettenpapier

četka za wc

Toilettenbürste

četkica za zube

Zahnbürste

pasta za zube

Zahnpasta

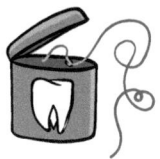

zubni konac

Zahnseide

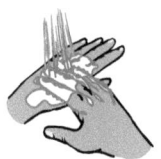

prati

waschen

tuš

Handbrause

intimni tuš

Intimdusche

lavor

Waschschüssel

četka za leđa

Rückenbürste

sapun

Seife

gel za tuširanje

Duschgel

šampon

Shampoo

krpe za pranje

Waschlappen

odvod

Abfluss

krema

Creme

dezodorans

Deodorant

ogledalo

Spiegel

ogledalo za šminkanje

Kosmetikspiegel

brijač

Rasierer

pjena za brijanje

Rasierschaum

vodica poslije brijanja

Rasierwasser

češalj

Kamm

četka

Bürste

fen

Föhn

sprej za kosu

Haarspray

puder

Makeup

karmin

Lippenstift

lak za nokte

Nagellack

vata

Watte

makazice za nokte

Nagelschere

parfem

Parfum

kupatilo - Badezimmer

kozmetička torbica

Kulturbeutel

hoklica

Hocker

vaga

Waage

kupaći ogrtač

Bademantel

rukavice za čišćenje

Gummihandschuhe

tampon

Tampon

uložak za dame

Damenbinde

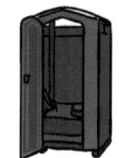

hemijski toalet

Chemietoilette

dječija soba
Kinderzimmer

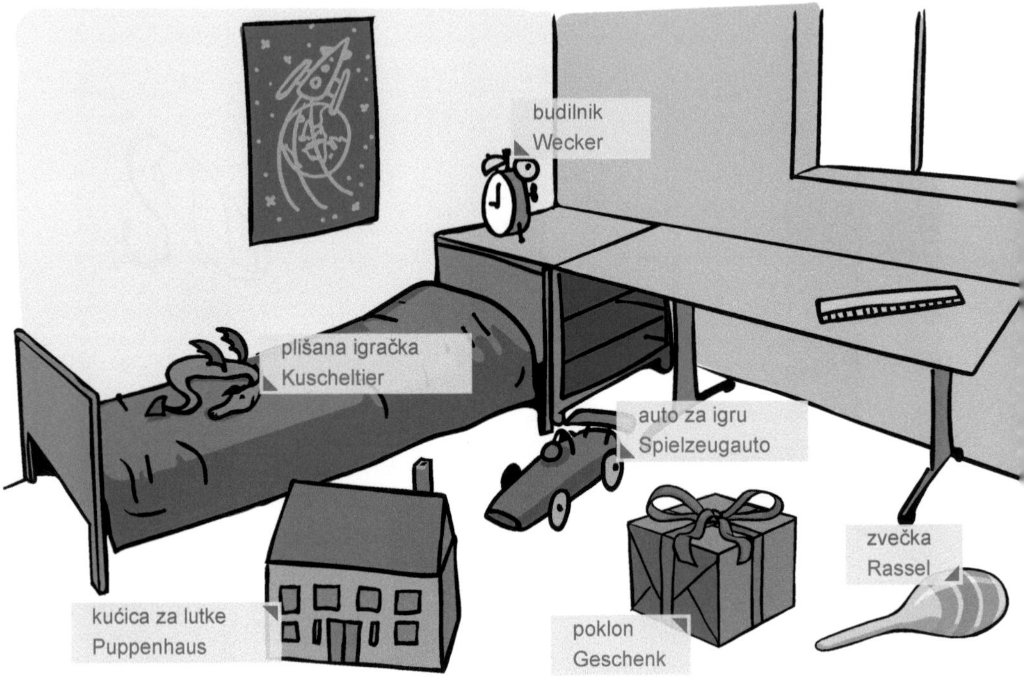
budilnik
Wecker
plišana igračka
Kuscheltier
auto za igru
Spielzeugauto
zvečka
Rassel
kućica za lutke
Puppenhaus
poklon
Geschenk

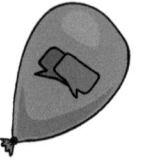

balon

Ballon

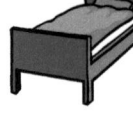

krevet

Bett

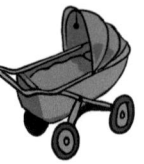

kolica za djecu

Kinderwagen

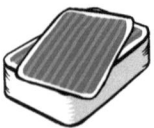

karte za igranje

Kartenspiel

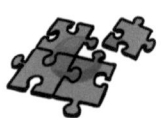

puzle

Puzzle

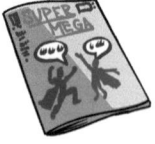

strip

Comic

lego kockice

Legosteine

kockice za gradnju

Bausteine

akcione figure

Action Figur

benkica

Strampelanzug

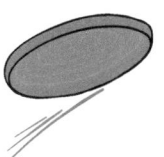

frizbi

Frisbee

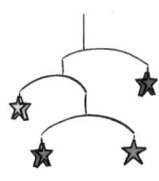

mobile

Mobile

igra na ploči

Brettspiel

kocka

Würfel

miniatura željeznice

Modelleisenbahn

cucla

Schnuller

zabava

Party

slikovnica

Bilderbuch

lopta

Ball

lutka

Puppe

igrati

spielen

pješćanik

Sandkasten

ljuljačka

Schaukel

igračke

Spielzeug

konzola za igru

Spielkonsole

triciklo

Dreirad

medvjedić

Teddy

ormar

Kleiderschrank

odjeća

Kleidung

kratke čarape

Socken

čarape

Strümpfe

hulahopke

Strumpfhose

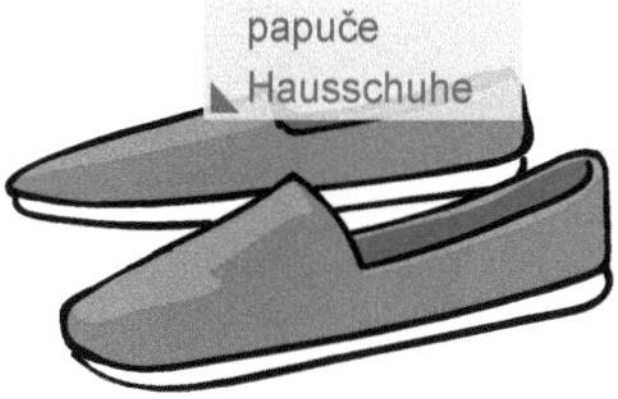

šal
Schal

kaiš
Gürtel

kišobran
Regenschirm

majica kratkih rukava
T-Shirt

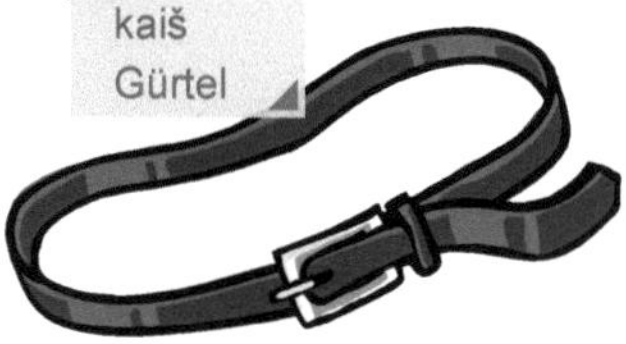

čizme
Stiefel

papuče
Hausschuhe

patike
Turnschuhe

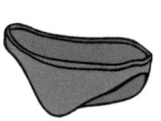

sandale
Sandalen

cipele
Schuhe

gumene čizme
Gummistiefel

gaće
Unterhose

grudnjak
Büstenhalter

potkošulja
Unterhemd

bodi

Body

hlače

Hose

farmerke

Jeans

suknja

Rock

bluza

Bluse

košulja

Hemd

džemper

Pullover

majica

Kapuzenpullover

sako

Blazer

jakna

Jacke

mantil

Mantel

kišni mantil

Regenmantel

kostim

Kostüm

haljina

Kleid

vjenčanica

Hochzeitskleid

odjeća - Kleidung

odijelo

Anzug

spavaćica

Nachthemd

pidžama

Schlafanzug

sari

Sari

marama

Kopftuch

turban

Turban

burka

Burka

kaftan

Kaftan

abaja

Abaya

kupaći kostim

Badeanzug

kupaće gaće

Badehose

kratke hlače

Kurze Hose

trenerka

Trainingsanzug

pregača

Schürze

rukavice

Handschuhe

dugme

Knopf

naočare

Brille

narukvica

Armband

ogrlica

Halskette

prsten

Ring

naušnica

Ohrring

kapa

Mütze

vješalica

Kleiderbügel

šešir

Hut

kravata

Krawatte

patentni zatvarač

Reißverschluss

kaciga

Helm

tregeri za hlače

Hosenträger

školska uniforma

Schuluniform

uniforma

Uniform

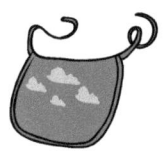

podbradak

Lätzchen

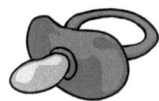

cucla

Schnuller

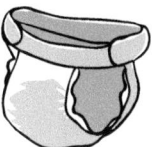

pelene

Windel

ured
Büro

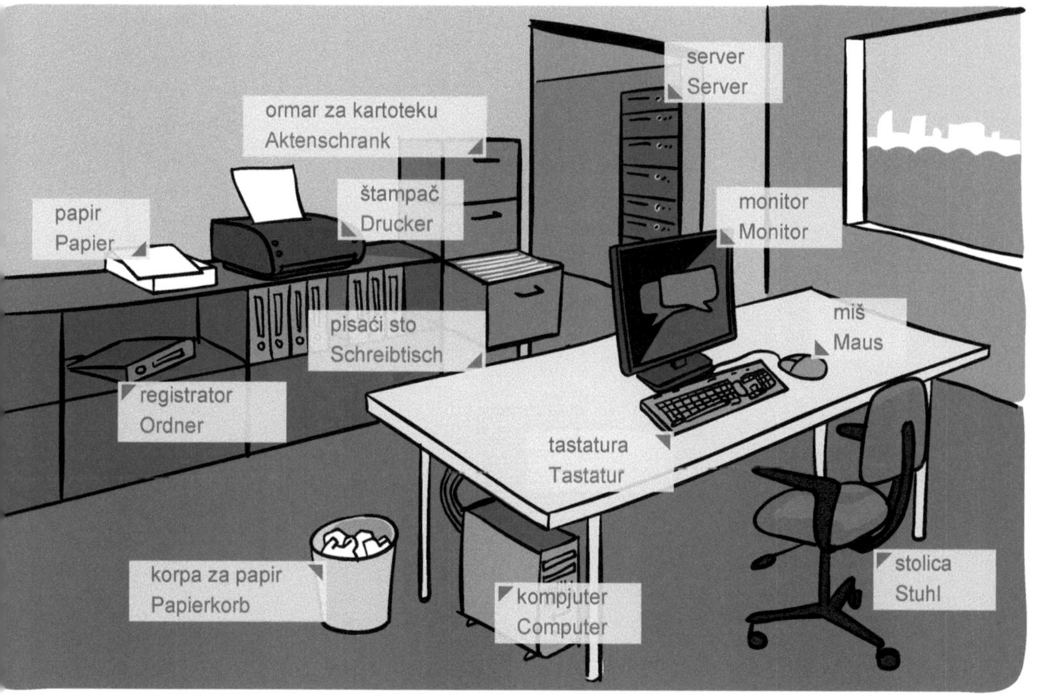
server
Server
ormar za kartoteku
Aktenschrank
papir
Papier
štampač
Drucker
monitor
Monitor
miš
Maus
pisaći sto
Schreibtisch
registrator
Ordner
tastatura
Tastatur
korpa za papir
Papierkorb
kompjuter
Computer
stolica
Stuhl

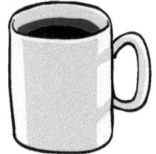

šolja za kafu

Kaffeebecher

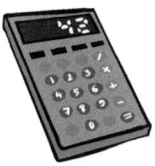

kalkulator

Taschenrechner

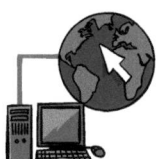

internet

Internet

laptop

Laptop

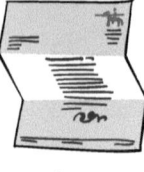

pismo

Brief

poruka

Nachricht

mobilni telefon

Handy

mreža

Netzwerk

aparat za kopiranje

Kopierer

softver

Software

telefon

Telefon

utičnica

Steckdose

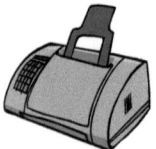

faks

Fax

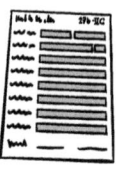

formular

Formular

dokument

Dokument

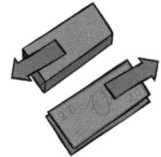

kupovati

kaufen

platiti

bezahlen

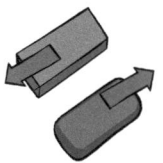

trgovati

handeln

novac

Geld

dolar

Dollar

euro

Euro

jen

Yen

rublja

Rubel

franak

Franken

renminbi jen

Renminbi Yuan

rupi

Rupie

bankomat

Geldautomat

mjenjačnica

Wechselstube

zlato

Gold

srebro

Silber

nafta

Öl

energija

Energie

cijena

Preis

ugovor

Vertrag

porez

Steuer

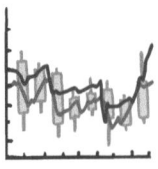

akcija

Aktie

raditi

arbeiten

službenik

Angestellter

poslodavac

Arbeitgeber

fabrika

Fabrik

radnja

Geschäft

ekonomija - Wirtschaft

zanimanja
Berufe

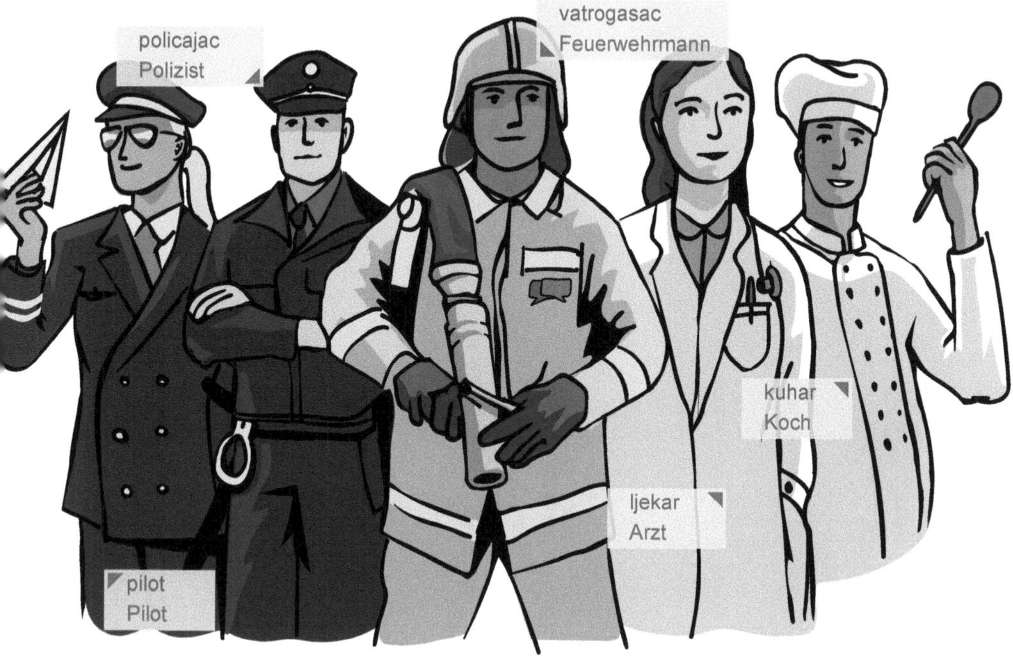
policajac
Polizist
vatrogasac
Feuerwehrmann
kuhar
Koch
ljekar
Arzt
pilot
Pilot

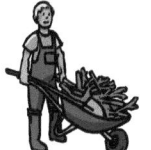

baštovan
Gärtner

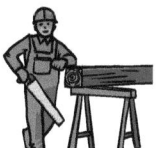

stolar
Tischler

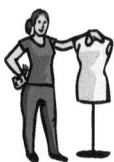

krojačica
Näherin

sudija
Richter

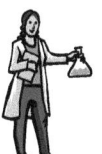

hemičar
Chemiker

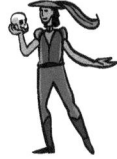

glumac
Schauspieler

vozač autobusa

Busfahrer

vozač taksija

Taxifahrer

ribar

Fischer

čistačica

Putzfrau

krovopokrivač

Dachdecker

konobar

Kellner

lovac

Jäger

moler

Maler

pekar

Bäcker

električar

Elektriker

građevinski radnik

Bauarbeiter

inženjer

Ingenieur

koljač

Schlachter

limar, vodoinstalater

Klempner

poštar

Postbote

vojnik

Soldat

arhitekta

Architekt

blagajnik

Kassierer

cvjećar

Florist

frizer

Friseur

kontrolor

Schaffner

mehaničar

Mechaniker

kapiten

Kapitän

zubar

Zahnarzt

naučnik

Wissenschaftler

rabin

Rabbi

imam

Imam

monah

Mönch

sveštenik

Geistlicher

alat
Werkzeuge

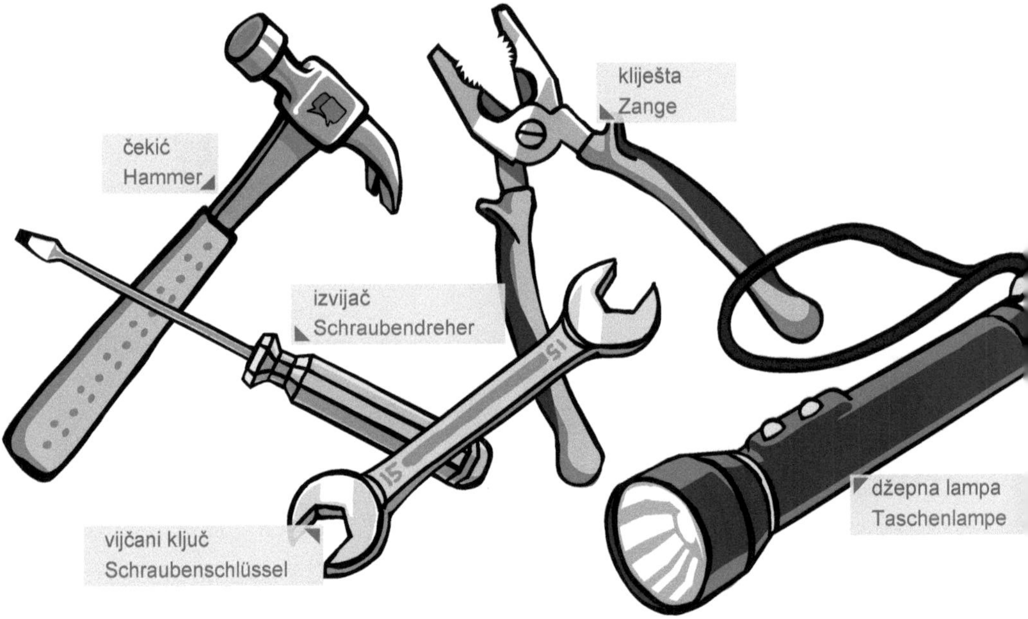
čekić
Hammer
kliješta
Zange
izvijač
Schraubendreher
džepna lampa
Taschenlampe
vijčani ključ
Schraubenschlüssel

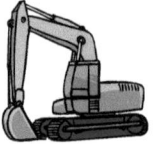

bager

Bagger

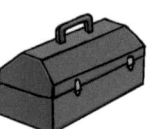

kutija sa alatom

Werkzeugkasten

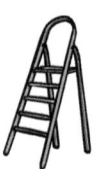

ljestve

Leiter

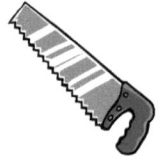

testera, pila

Säge

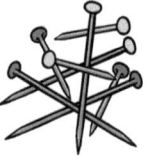

ekser

Nägel

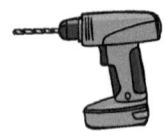

bušilica

Bohrer

popraviti
reparieren

lopata
Schaufel

sranje!
Mist!

lopatica
Kehrblech

kanta boje
Farbtopf

vijak
Schrauben

muzički instrumenti
Musikinstrumente

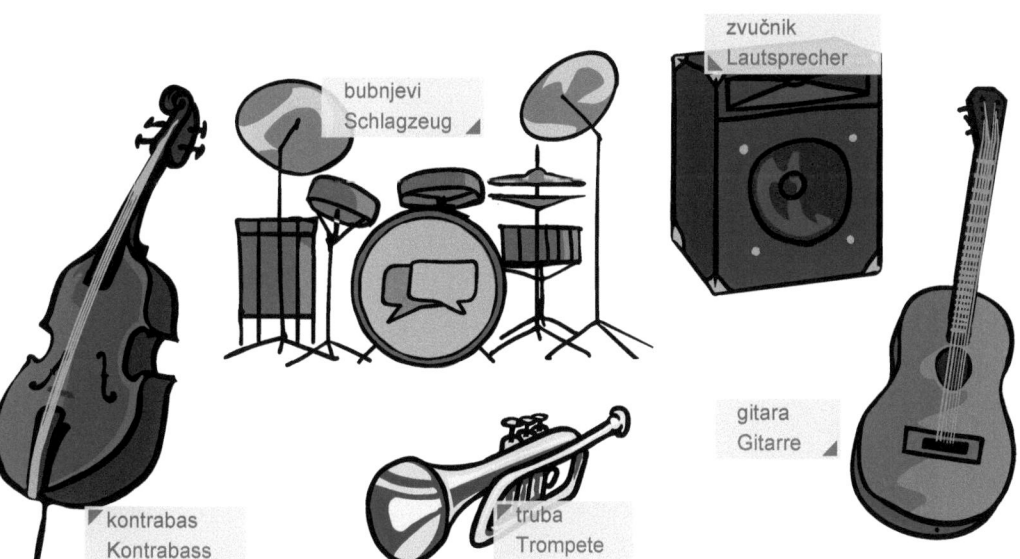

bubnjevi
Schlagzeug

zvučnik
Lautsprecher

gitara
Gitarre

kontrabas
Kontrabass

truba
Trompete

klavir

Klavier

violina

Violine

bas

Bass

bubanj timpani

Pauke

bubanj

Trommeln

sintisajzer

Keyboard

saksofon

Saxophon

flauta

Flöte

mikrofon

Mikrofon

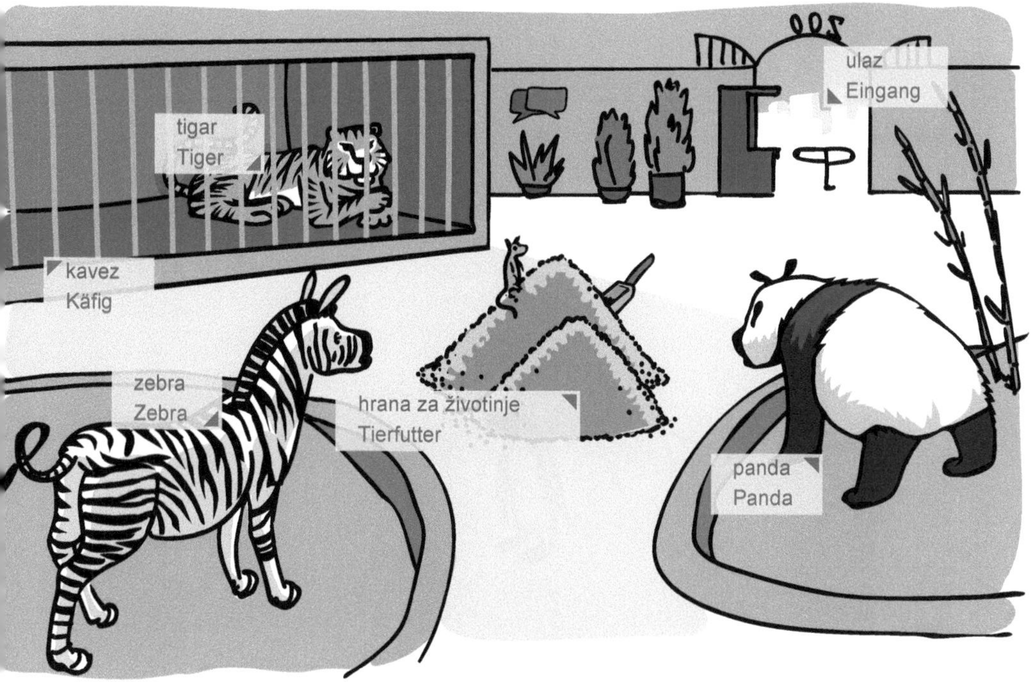

tigar
Tiger

ulaz
Eingang

kavez
Käfig

zebra
Zebra

hrana za životinje
Tierfutter

panda
Panda

životinje
Tiere

slon
Elefant

kengur
Känguru

nosorog
Nashorn

gorila
Gorilla

medvjed
Bär

kamila

Kamel

noj

Strauß

lav

Löwe

majmun

Affe

flamingo

Flamingo

papagaj

Papagei

polarni medvjed

Eisbär

pingvin

Pinguin

morski pas

Hai

paun

Pfau

zmija

Schlange

krokodil

Krokodil

čuvar u zološkom vrtu

Zoowärter

tuljan

Robbe

jaguar

Jaguar

poni

Pony

leopard

Leopard

nilski konj

Nilpferd

žirafa

Giraffe

orao

Adler

divlja svinja

Wildschwein

riba

Fisch

kornjača

Schildkröte

morž

Walross

lisica

Fuchs

gazela

Gazelle

americki fudbal
American Football

vožnja bicikla
Radfahren

tenis
Tennis

košarka
Basketball

plivanje
Schwimmen

hokej na ledu
Eishockey

boks
Boxen

fudbal
Fußball

bedminton
Badminton

laka atletika
Leichtathletik

rukomet
Handball

skijanje
Skilaufen

polo
Polo

aktivnosti
Aktivitäten

skakati
springen
zagrliti
umarmen
smijati se
lachen
ići
gehen
pjevati
singen
sanjati
träumen
moliti
beten
ljubiti
küssen

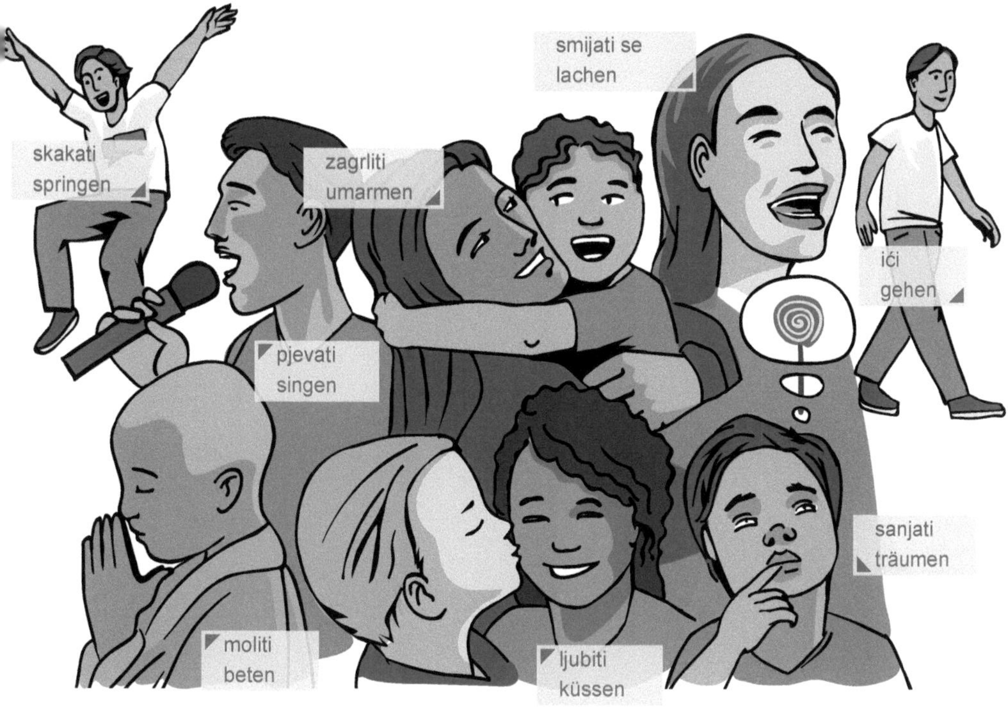

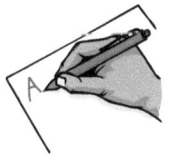

pisati

schreiben

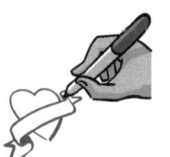

crtati

zeichnen

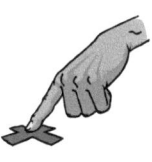

pokazati

zeigen

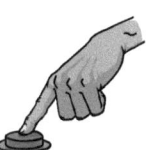

gurati

drücken

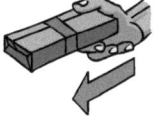

dati

geben

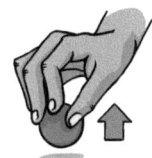

uzeti

nehmen

imati

haben

raditi

tun

biti

sein

stajati

stehen

trčati

laufen

vući

ziehen

baciti

werfen

pasti

fallen

ležati

liegen

čekati

warten

nositi

tragen

sjediti

sitzen

obući

anziehen

spavati

schlafen

probuditi

aufwachen

pogledati

ansehen

plakati

weinen

milovati

streicheln

češljati

kämmen

govoriti

reden

razumjeti

verstehen

pitati

fragen

slušati

hören

piti

trinken

jesti

essen

pospremiti

aufräumen

voljeti

lieben

kuhati

kochen

voziti

fahren

letjeti

fliegen

jedriti
segeln

računati
rechnen

čitati
lesen

učiti
lernen

raditi
arbeiten

vjenčavti
heiraten

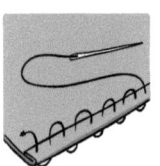

šiti
nähen

prati zube
Zähne putzen

ubiti
töten

pušiti
rauchen

slati
senden

baka
Großmutter

djed
Großvater

otac
Vater

majka
Mutter

beba
Baby

kćerka
Tochter

sin
Sohn

gost

Gast

ujna, tetka, strina

Tante

ujak, tetak, stric

Onkel

brat

Bruder

sestra

Schwester

tijelo
Körper

čelo
Stirn
oko
Auge
leđa
Schulter
prst
Finger
lice
Gesicht
brada
Kinn
ruka, šaka
Hand
noga
Bein
grudi
Brust
ruka
Arm

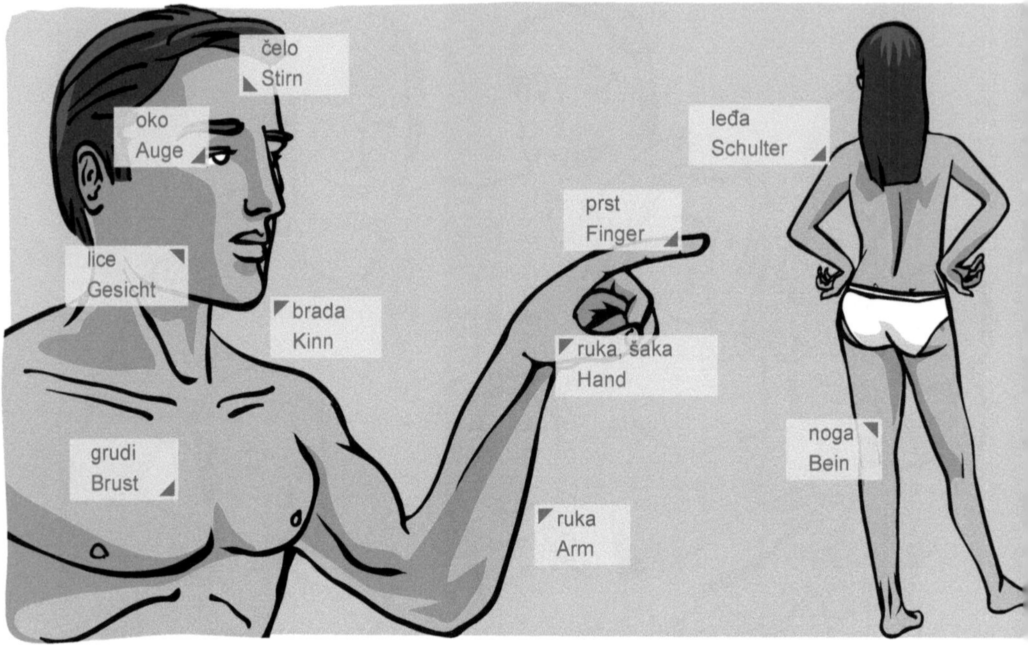

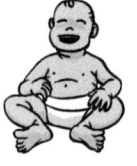

beba

Baby

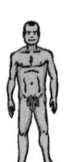

muškarac

Mann

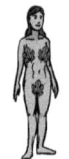

žena

Frau

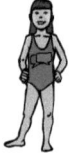

djevojčica

Mädchen

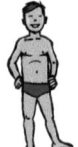

dječak

Junge

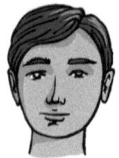

glava

Kopf

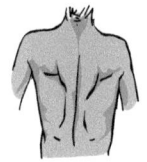

leđa

Rücken

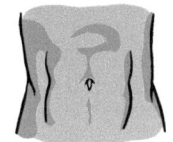

stomak

Bauch

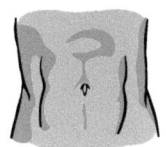

pupak

Nabel

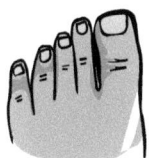

nožni prst

Zeh

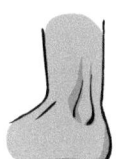

peta

Ferse

kosti

Knochen

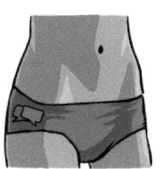

kuk

Hüfte

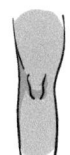

koljeno

Knie

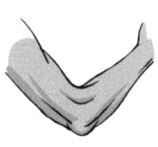

lakat

Ellenbogen

nos

Nase

stražnjica

Gesäß

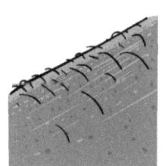

koža

Haut

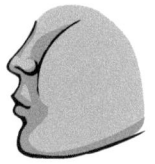

obraz

Wange

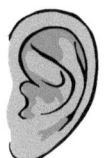

uho

Ohr

usna

Lippe

tijelo - Körper

usta

Mund

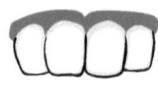

zub

Zahn

jezik

Zunge

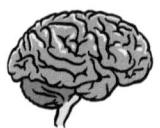

mozak

Gehirn

srce

Herz

mišić

Muskel

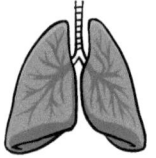

pluća

Lunge

jetra

Leber

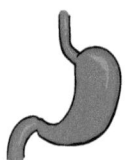

želudac

Magen

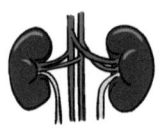

bubreg

Nieren

spolni odnos

Geschlechtsverkehr

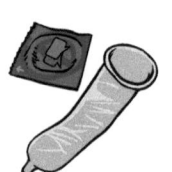

kondom

Kondom

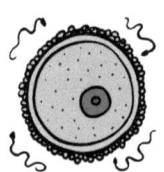

jajna ćelija

Eizelle

sperma

Sperma

trudnoća

Schwangerschaft

tijelo - Körper

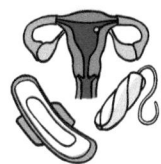

menstruacija

Menstruation

vagina

Vagina

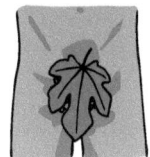

penis

Penis

obrva

Augenbraue

kosa

Haar

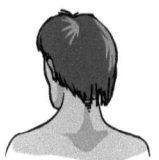

vrat

Hals

bolnica
Krankenhaus

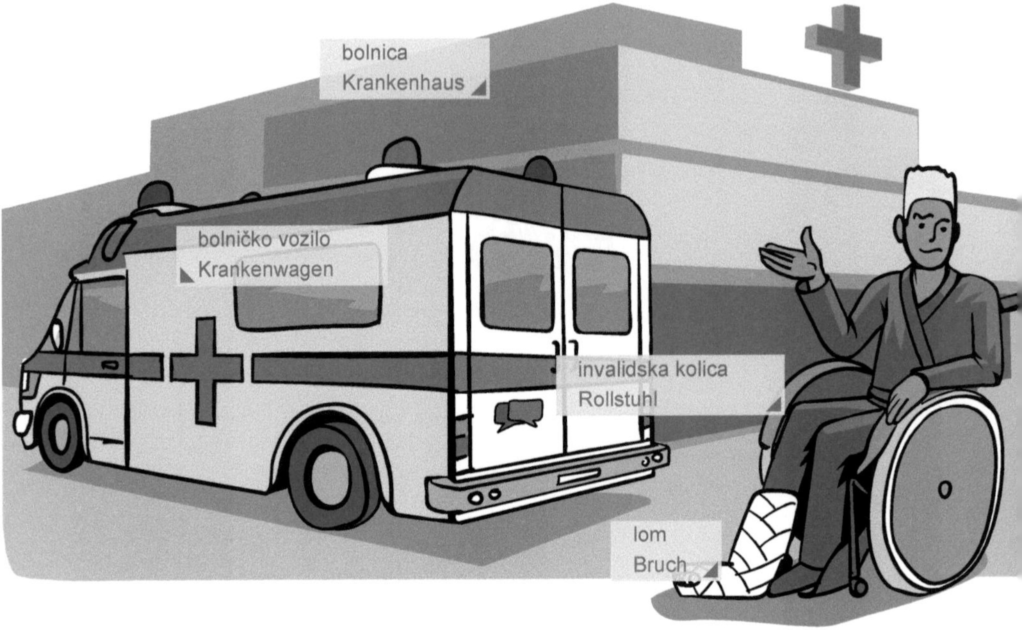

bolnica
Krankenhaus
bolničko vozilo
Krankenwagen
invalidska kolica
Rollstuhl
lom
Bruch

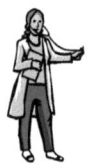

ljekar
Arzt

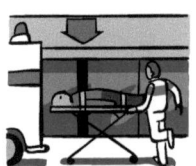

hitna služba
Notaufnahme

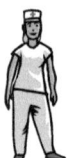

medicinska sestra
Krankenschwester

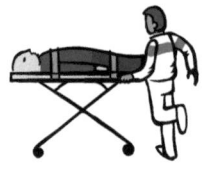

hitna pomoć
Notfall

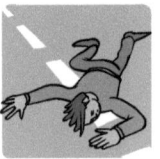

nesvjest
ohnmächtig

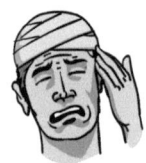

bol
Schmerz

povreda

Verletzung

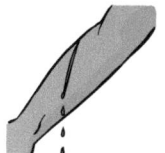

krvarenje

Blutung

srčani udar, infarkt

Herzinfarkt

moždani udar

Schlaganfall

alergija

Allergie

kašalj

Husten

groznica

Fieber

gripa

Grippe

proljev

Durchfall

glavobolja

Kopfschmerzen

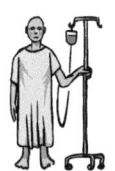

rak

Krebs

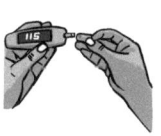

dijabetes

Diabetis

hirurg

Chirurg

skalpel

Skalpell

operacija

Operation

CT
CT

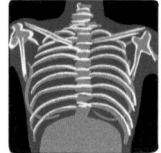

rendgen
Röntgen

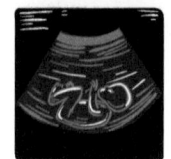

ultrazvuk
Ultraschall

maska
Maske

bolest
Krankheit

čekaonica
Wartezimmer

štake
Krücke

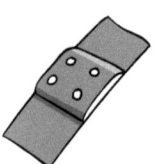

flaster
Pflaster

zavoj
Verband

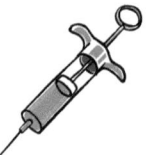

injekcija
Injektion

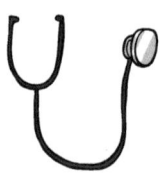

stetoskop
Stethoskop

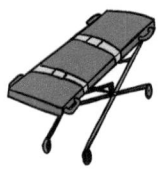

nosilo
Trage

termometar
Thermometer

porod
Geburt

prekomjerna težina, debljina
Übergewicht

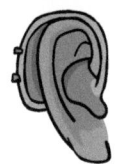

slušni aparat

Hörgerät

sredstvo za dezinfekciju

Desinfektionsmittel

infekcija

Infektion

virus

Virus

HIV/ AIDS

HIV / AIDS

medicina

Medizin

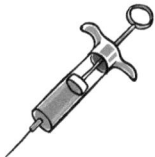

vakcinacija

Impfung

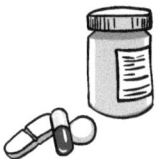

tablete

Tabletten

pilula

Pille

hitni poziv

Notruf

aparat za mjerenje pritiska

Blutdruck-Messgerät

bolestan / zdrav

krank / gesund

Upomoć!

Hilfe!

alarm

Alarm

napad, prepad

Überfall

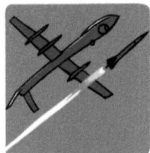

napad

Angriff

opasnost

Gefahr

izlaz u slučaju opasnosti

Notausgang

Požar!

Feuer!

vatrogasni aparat

Feuerlöscher

nezgoda

Unfall

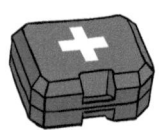

torba prve pomoći

Erste-Hilfe-Koffer

SOS

SOS

policija

Polizei

Europa

Europa

Sjeverna Amerika

Nordamerika

Južna Amerika

Südamerika

Afrika

Afrika

Azija

Asien

Australija

Australien

Atlantik

Atlantik

Pacifik

Pazifik

Indijski okean

Indischer Ozean

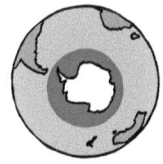

Antarktički okean

Antarktischer Ozean

Arktički okean

Arktischer Ozean

Sjeverni pol

Nordpol

Južni pol
Südpol

Antarktik
Antarktis

Zemlja
Erde

zemlja
Land

more
Meer

ostrvo
Insel

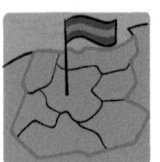

nacija
Nation

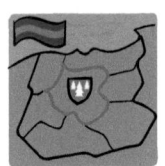

država
Staat

brojčanik sata

Zifferblatt

kazaljka sata

Stundenzeiger

kazaljka minute

Minutenzeiger

kazaljka sekunde

Sekundenzeiger

Koliko je sati?

Wie spät ist es?

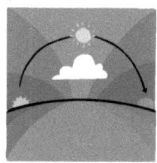

dan

Tag

vrijeme

Zeit

sada

jetzt

digitalni sat

Digitaluhr

minuta

Minute

sat

Stunde

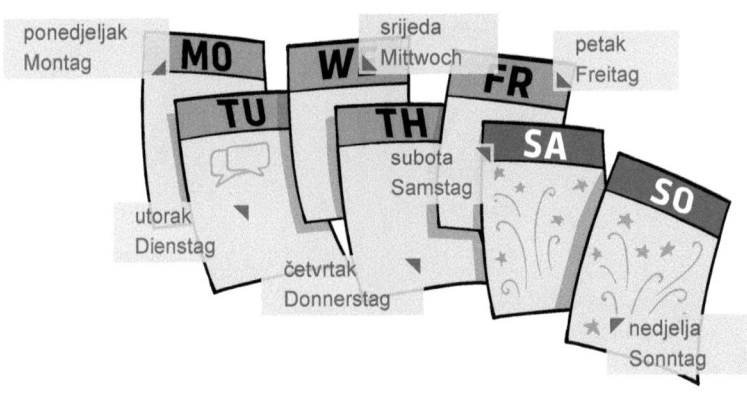

ponedjeljak
Montag

srijeda
Mittwoch

petak
Freitag

utorak
Dienstag

subota
Samstag

četvrtak
Donnerstag

nedjelja
Sonntag

juče

gestern

danas

heute

sutra

morgen

jutro

Morgen

podne

Mittag

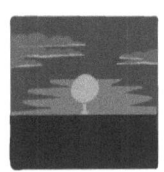

veče

Abend

radni dani

Arbeitstage

vikend

Wochenende

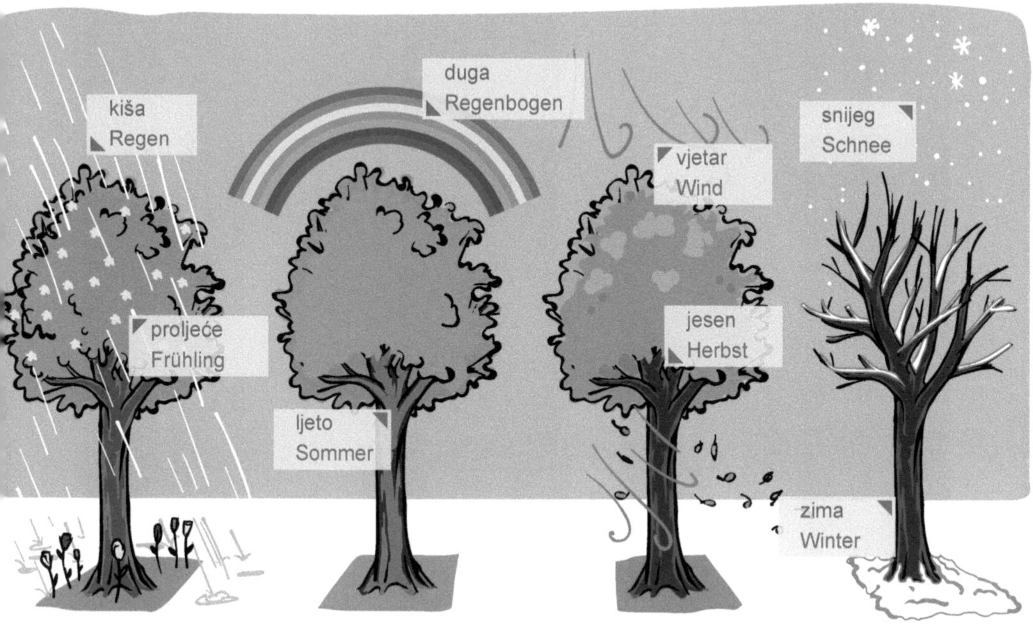

kiša
Regen
duga
Regenbogen
vjetar
Wind
snijeg
Schnee
proljeće
Frühling
ljeto
Sommer
jesen
Herbst
zima
Winter

4.APRIL 11°
5.APRIL 4°
6.APRIL 13°
7.APRIL 8°
8.APRIL 10°

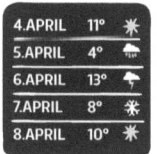

prognoza vremena
Wettervorhersage

F
C
120
90
60
30
0
-30
40
30
20
10
0
-10
-20

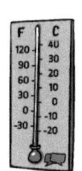

termometar
Thermometer

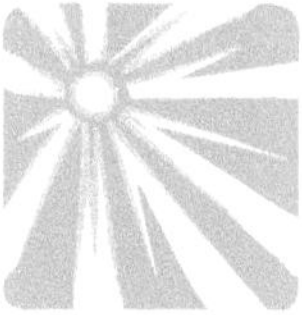

sunčev sjaj
Sonnenschein

oblak
Wolke

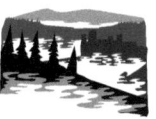

magla
Nebel

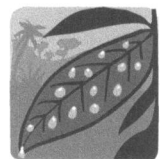

vlažnost vazduha
Luftfeuchtigkeit

munja

Blitz

grom

Donner

oluja

Sturm

tuča, led

Hagel

monsun

Monsun

poplava

Flut

led

Eis

januar

Januar

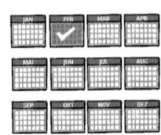

februar

Februar

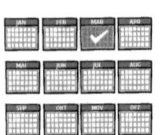

mart

März

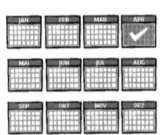

april

April

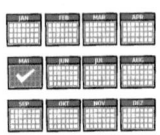

maj

Mai

juni

Juni

juli

Juli

avgust

August

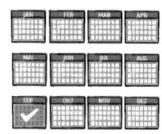

septembar
....
September

oktobar
....
Oktober

novembar
....
November

decembar
....
Dezember

krug
....
Kreis

kvadrat
....
Quadrat

pravougao
....
Rechteck

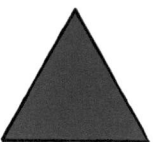

trougao
....
Dreieck

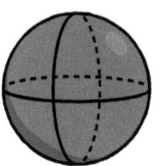

kugla
....
Kugel

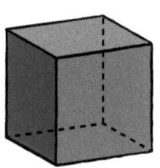

kocka
....
Würfel

bjel

weiß

žut

gelb

narandžast

orange

pink

pink

crven

rot

ljubičast

lila

plav

blau

zelen

grün

smeđ

braun

siv

grau

crn

schwarz

malo / mnogo

viel / wenig

ljutit / miran

wütend / friedlich

lijep / ružan

hübsch / hässlich

početak / kraj

Anfang / Ende

veliki / mali

groß / klein

svijetlo / tamno

hell / dunkel

brat / sestra

Bruder / Schwester

čist / prljav

sauber / schmutzig

potpun / nepotpun

vollständig / unvollständig

dan / noć

Tag / Nacht

mrtav / živ

tot / lebendig

široko / usko

breit / schmal

ukusno / neukusno

genießbar / ungenießbar

zao / prijatan

böse / freundlich

uzbuđen / dosadan

aufgeregt / gelangweilt

debeo / mršav

dick / dünn

najprije / najkasnije

zuerst / zuletzt

prijatelj / neprijatelj

Freund / Feind

pun / prazan

voll / leer

trvd / mekan

hart / weich

težak / lagan

schwer / leicht

glad / žeđ

Hunger / Durst

bolestan / zdrav

krank / gesund

ilegalan / legalan

illegal / legal

inteligentan / glup

intelligent / dumm

lijevo / desno

links / rechts

blizu / daleko

nah / fern

nov / polovan

neu / gebraucht

ništa / nešto

nichts / etwas

star / mlad

alt / jung

uključeno / isključeno

an / aus

otvoreno / zatvoreno

offen / geschlossen

tiho / glasno

leise / laut

bogat / siromašan

reich / arm

tačno / pogrešno

richtig / falsch

hrapav / glatak

rau / glatt

tužan / srećan

traurig / glücklich

kratak / dug

kurz / lang

spor / brz

langsam / schnell

mokro / suho

nass / trocken

toplo / hladno

warm / kühl

rat / mir

Krieg / Frieden

0

nula

null

1

jedan

eins

2

dva

zwei

3

tri

drei

4

četiri

vier

5

pet

fünf

6

šest

sechs

7

sedam

sieben

8

osam

acht

9

devet

neun

10

deset

zehn

11

jedanaest

elf

12

dvanaest

zwölf

13

trinaest

dreizehn

14

četrnaest

vierzehn

15

petnaest

fünfzehn

16

šesnaest

sechzehn

17

sedamnaest

siebzehn

18

osamnaest

achtzehn

19

devetnaest

neunzehn

20

dvadeset

zwanzig

100

sto

hundert

1.000

hiljada

tausend

1.000.000

milion

million

engleski

Englisch

američki engleski

Amerikanisches Englisch

kinesko mandarinski

Chinesisch Mandarin

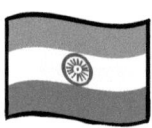

hindi

Hindi

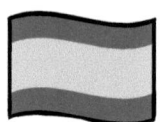

španski

Spanisch

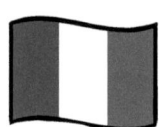

francuski

Französisch

arapski

Arabisch

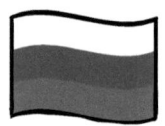

ruski

Russisch

portugalski

Portugiesisch

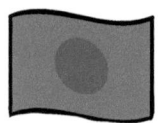

bengalski

Bengalisch

njemački

Deutsch

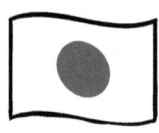

japanski

Japanisch

ja
ich

ti
du

on / ona / ono
er / sie / es

mi
wir

vi
ihr

oni
sie

ko?
wer?

šta?
was?

kako?
wie?

gdje?
wo?

kada?
wann?

ime
Name

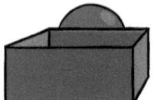

iza
....
hinter

u
....
in

pred
....
vor

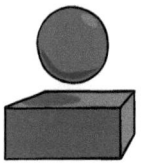

iznad
....
über

na
....
auf

ispod
....
unter

pored
....
neben

između
....
zwischen

mjesto
....
Ort